JE FAIS TOUT SEUL

des

SCOUBIDOUS

Isabelle Bochot

EDITIONS FLEURUS

Éditions Fleurus, 15-27, rue Moussorgski, 75018 Paris

Matériel

Fils en plastique
de différentes couleurs.

À quoi sert ton scoubidou ?
Tu peux l'attacher à ta trousse
ou à ton anorak. Tu peux en faire
un bracelet ou un porte-clefs.

Truc malin

Pour commencer ton scoubidou, fais un nœud avec quatre brins ou une boucle avec deux brins. Varie les couleurs.

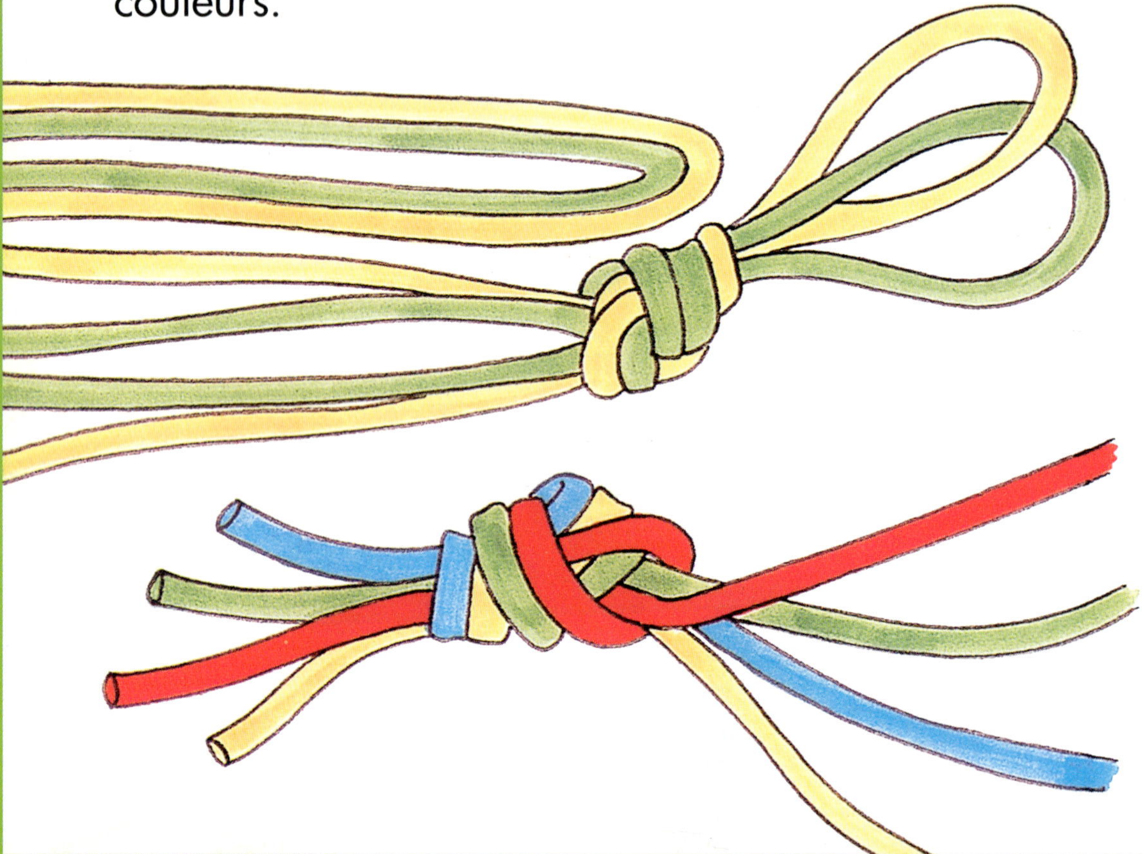

Tiens le scoubidou entre le pouce et l'index. Ecarte les fils et tire-les bien dans chaque sens pour les aplatir, c'est très important.

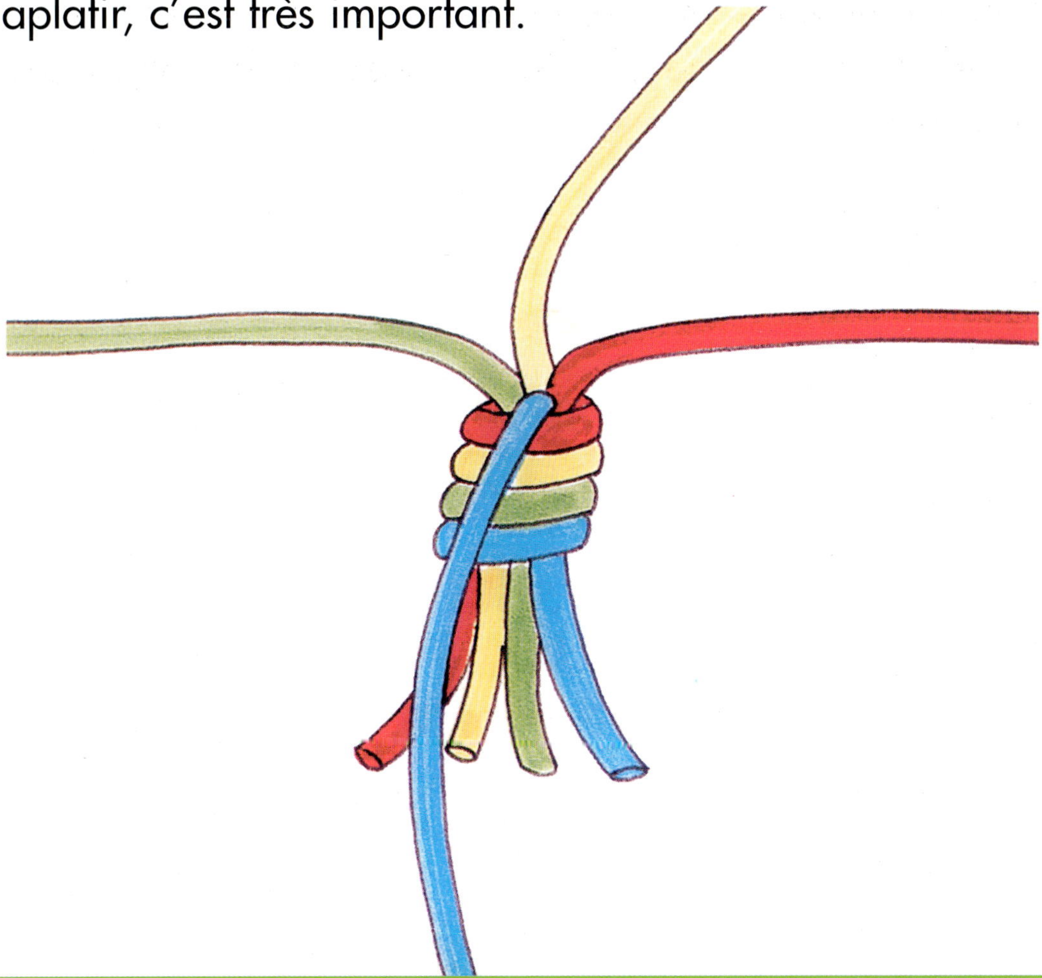

Forme une boucle vers l'avant avec le fil jaune. Maintiens-le avec ton pouce sur le nœud.

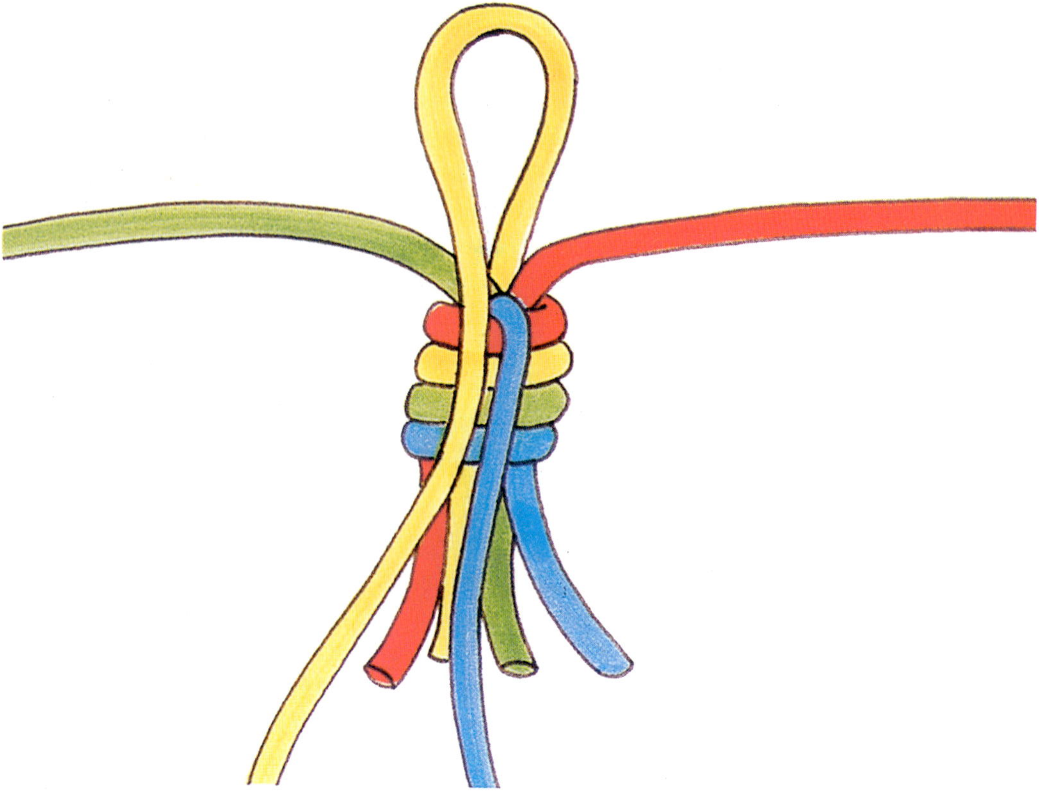

Avec le fil bleu, fais une boucle vers l'arrière. Serre-le tout près du nœud. Tu as deux boucles.

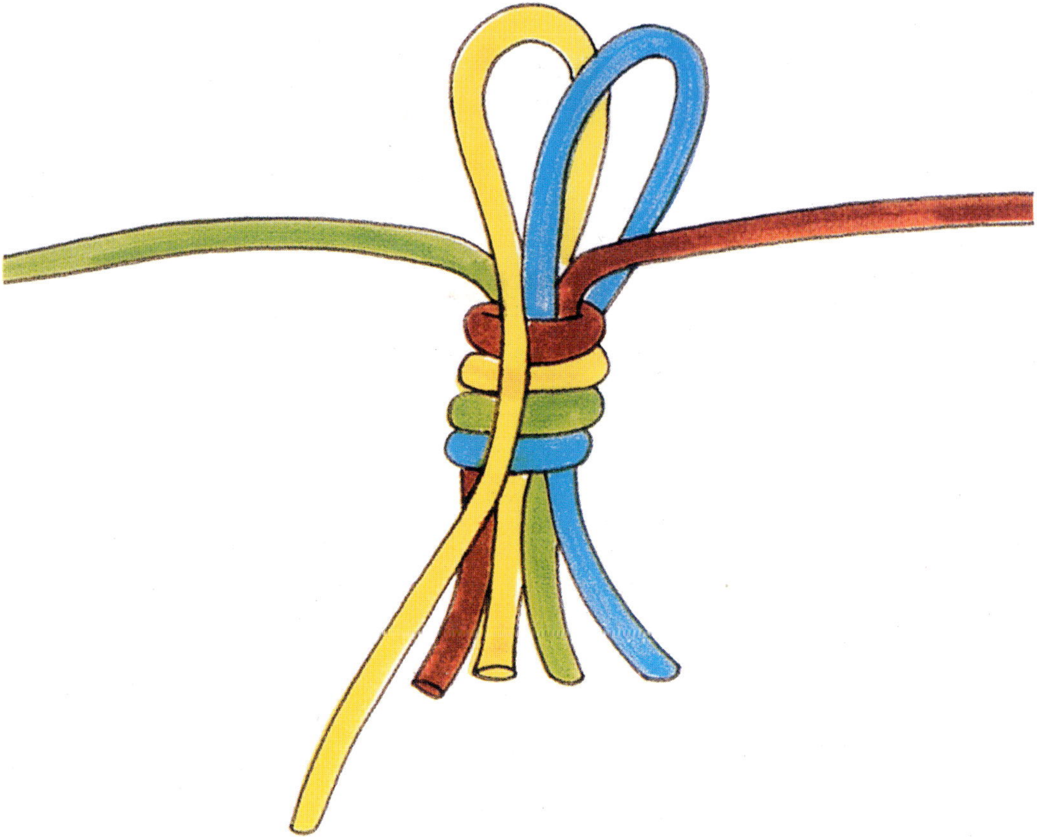

Prends le fil rouge. Passe-le dans la boucle jaune.

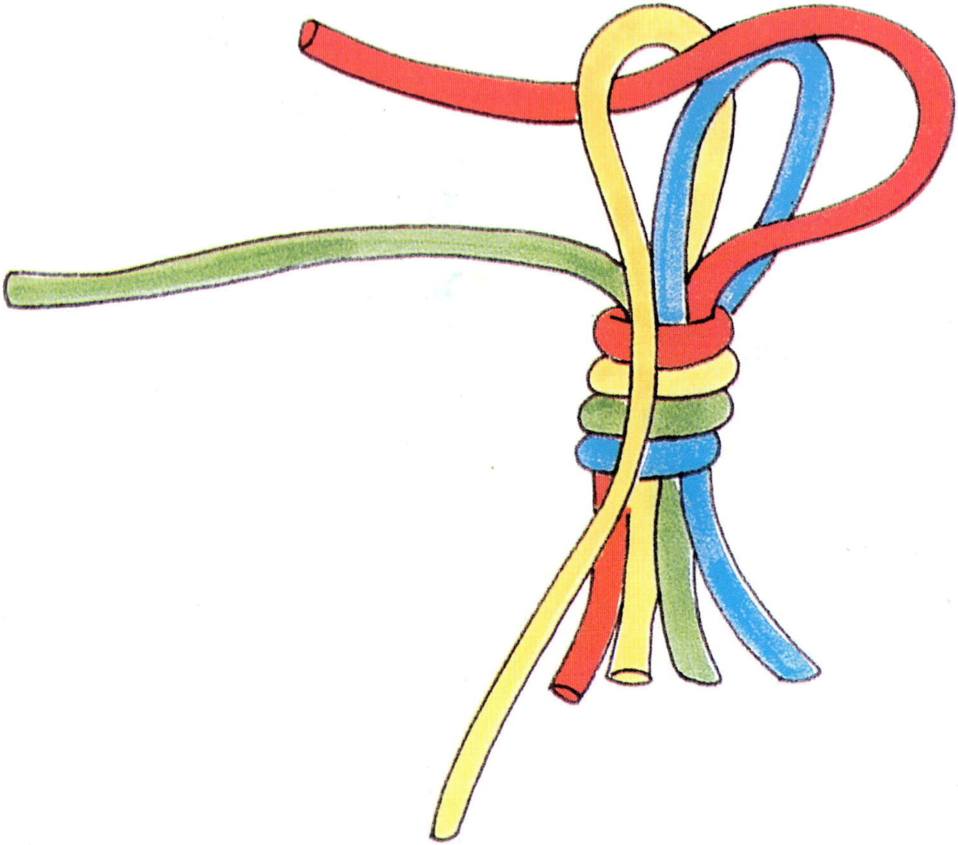

Passe le fil vert dans la boucle bleue.

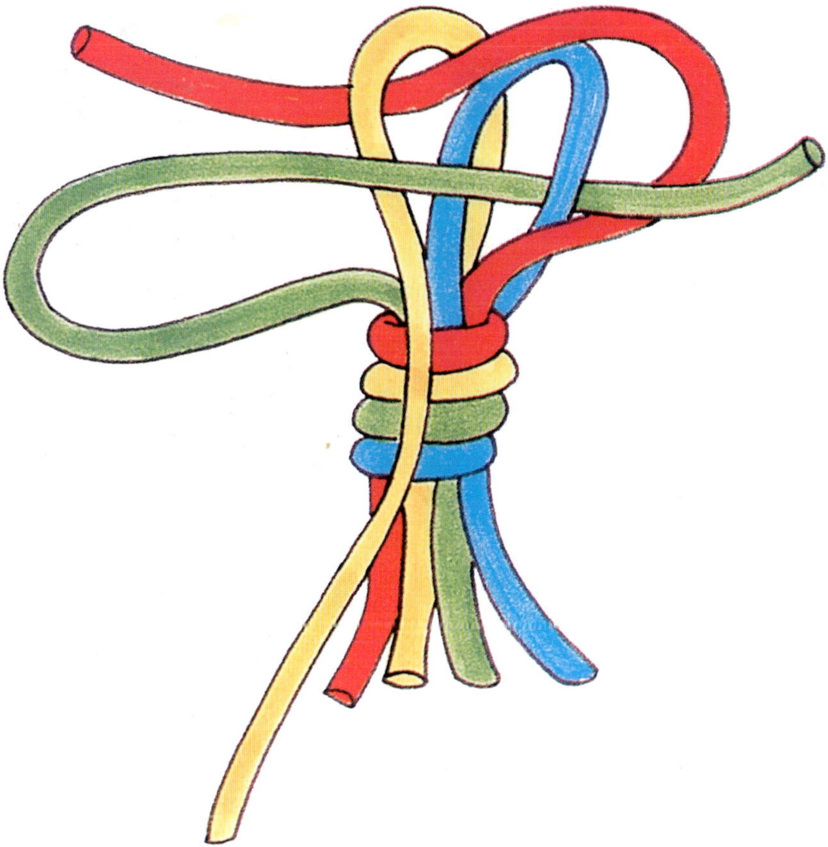

Le point de départ

Vu de dessus, cela fait un carré. Tire sur tes fils et redresse les boucles. Voilà ton départ. Maintenant fais un scoubidou rond ou carré.

Le scoubidou carré

Suis bien le modèle et répète-le. Ton tissage doit être très serré. Tu vas voir grandir ton scoubidou.

Le scoubidou rond

Reprends le départ et répète ce point.

Pour arrêter le scoubidou,
coupe les fils au bord.

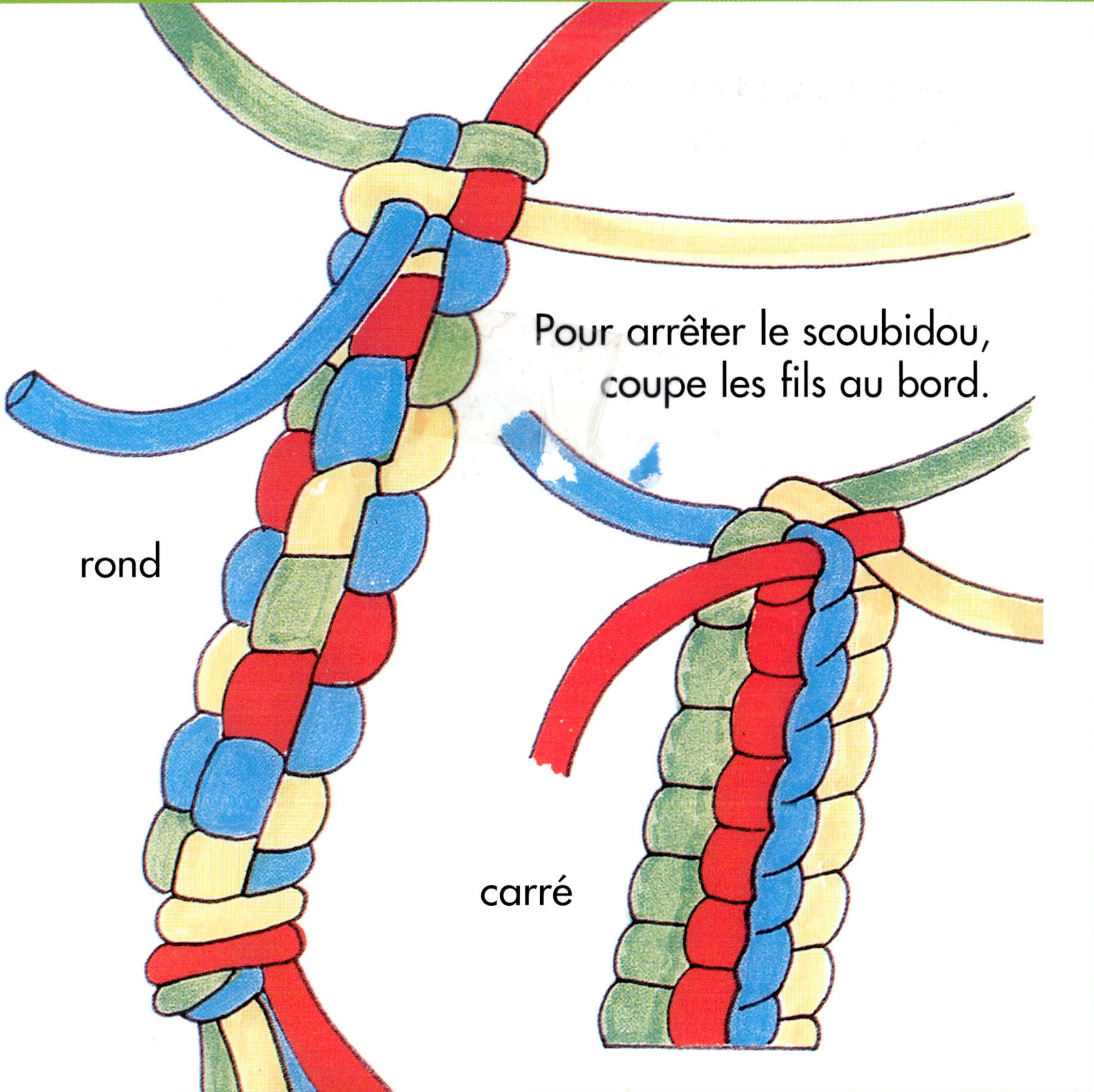

La spirale
À partir du nœud, répète toujours ce croisement. Tire sur les fils. Le scoubidou tourne comme un escalier.

Le scoubidou plat

Croise les brins. Tire sur les fils. Pour arrêter le scoubidou, coupe les fils à ras.

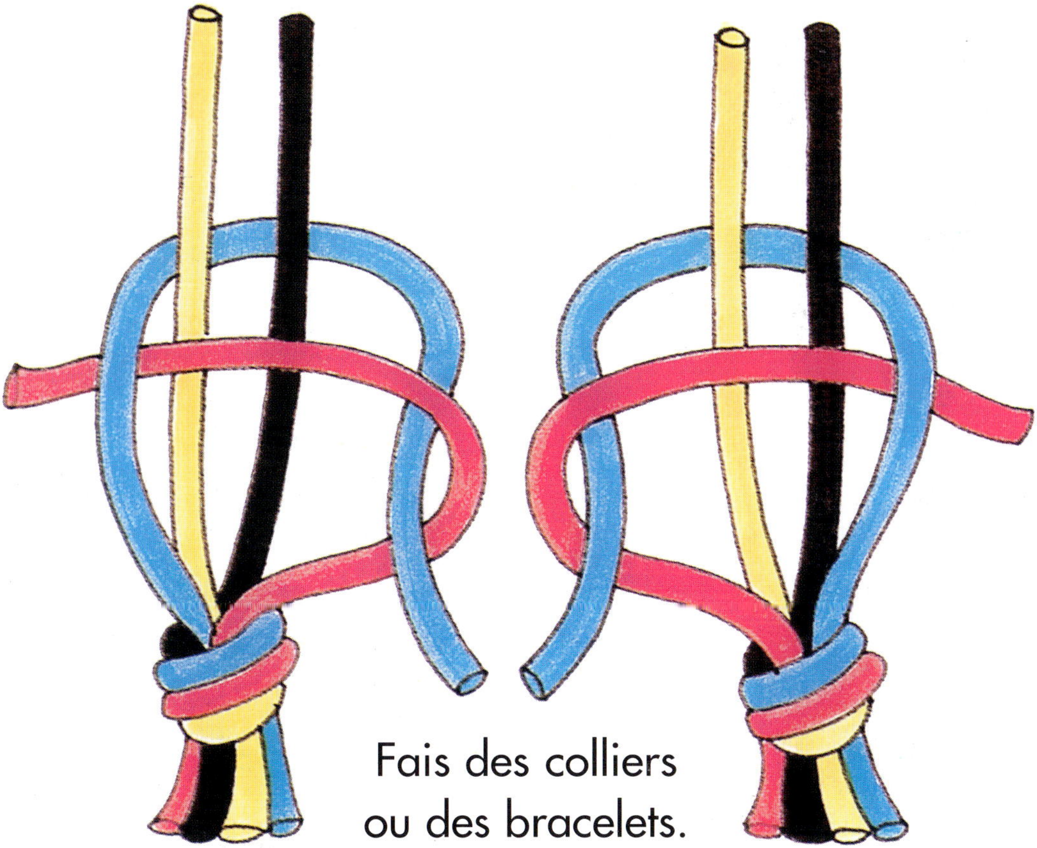

Fais des colliers ou des bracelets.

Mon tout premier livre d'activités manuelles Tome 1

Pour fabriquer et jouer avec :
des bateaux en papier
des animaux en pâte à sel
des pompons en laine
des scoubidous
des ribambelles en papier
des mosaïques avec une pomme de terre
des cocottes en papier
de la pâte à modeler
des pochoirs en papier
des boîtes à malices
des masques en carton
des piquages en laine

Mon tout premier livre de modelage

Pour découvrir le plaisir de créer avec :
la pâte à modeler
la pâte à sel
l'argile
la pâte autodurcissante
la pâte à bois
la bande plâtrée

Mon tout premier livre d'activités manuelles Tome 2

Pour fabriquer et jouer avec :
des fleurs en papier
des tampons
des animaux en pâte à modeler
des bonshommes en mousse
des cartes de fête
des poupées en laine
des animaux en chenille
des tableaux de feuilles et de graines
des œufs peints
des bonshommes en argile
des animaux en éléments naturels
des avions en papier

Collection Les petits créateurs

Pâte à sel
Mousse
Papier
Argile

Dépôt légal : mai 2003
Photogravure : Chesteroc
Impression : Ercom, Italie
ISBN : 2-215-07488-4
2e édition - n° 92311

Loi n° 49-956 du 16 juillet 1949 sur les publications destinées à la jeunesse.